westermann

PASSWORT LUPE

Auf jeden Fall leichter!

Erarbeitet von
Ursula Emanuel
Nicole Schlinkhoff

Auf der Grundlage des PASSWORT LUPE Arbeitsheft 3, erarbeitet von
Olesia Belenko
Ursula Emanuel
Marie-Claire Kirchhoff
Kerstin Schöning
Katharina Strick

Illustriert von
Cesare Asaro
Matthias Berghahn
Michael Stapper
Zapf

3
Arbeitsheft
FÖRDERN

PASSWORT
LUPE

Arbeitsheft 3
Fördern

Erarbeitet von
Ursula Emanuel, Nordstemmen
Nicole Schlinkhoff, Osnabrück

Auf der Grundlage des PASSWORT LUPE Arbeitsheft 2, erarbeitet von
Olesia Belenko, Osnabrück
Ursula Emanuel, Nordstemmen
Marie-Claire Kirchhoff, Koblenz
Kerstin Schöning, Offenburg
Katharina Strick, Bremen

Illustriert von
Cesare Asaro, Wien
Matthias Berghahn, Bielefeld
Michael Stapper, Berlin
Zapf, Wien

westermann GRUPPE

Druck A[1] / Jahr 2022
Alle Drucke der Serie A sind im Unterricht parallel verwendbar.

Redaktion: Christin Bußhoff, Rieke Brunken
Gesamtlayout: blum design und kommunikation GmbH, Hamburg
Umschlaggestaltung: blum design und kommunikation GmbH, Hamburg; mit Illustrationen von Zapf
Layout: PER Medien, Braunschweig
Druck und Bindung: Westermann Druck GmbH, Braunschweig

ISBN 978-3-14-**141528**-5

INHALT

Hier abstempeln

Hier abstempeln

INHALT

Hier abstempeln →

Hier abstempeln →

Hier abstempeln

Hier abstempeln

Das sind wir …

Ich heiße Elsa.
Mein kleiner Hund Uno
folgt mir auf Schritt
und Tritt – außer wenn
ich in die Schule gehe.
Dann bleibt er natürlich
zu Hause.

Hallo, ich heiße Lulu.
Meine Hobbys sind
Malen und Judo.
Außerdem macht es mir Spaß,
spannende Rätsel zu lösen
und Neues zu entdecken.

Hi, ich bin Paul.
Ich finde gern heraus,
wie Dinge funktionieren.
Das hilft uns auch manchmal
bei unseren Fällen.
Meine allerbeste Freundin
ist meine Hündin Murmel.

Hallo, ich bin Umut!
Ich erzähle voll gern
Geschichten – besonders
über unsere Detektivabenteuer.
Unsere Fälle sind nämlich
oft richtig cool!

Kapitel 1

leben – lernen – respektieren

1 Was hast du in den Ferien erlebt?
Kreuze an, was passt oder schreibe selbst.

- ☐ Ich war im Schwimmbad.
- ☐ Ich war im Urlaub.
- ☐ Ich habe mit Freunden gespielt.
- ☐ Ich ______________________________

2 Was hat dir in den Ferien gut gefallen?

Mir hat gut gefallen, dass ______________________________

____

3 Was hat dir in den Ferien nicht gefallen?

Mir hat nicht gefallen, dass ______________________________

____

4 Was hast du in den Ferien am liebsten gegessen?
Male.

Wörter üben

1 Schreibe die Nomen mit Artikel.
Markiere deine Lupenstellen.

Ich markiere rr in Fahrrad.
Das finde ich schwierig.

der Zug   die Stadt   das Flugzeug   das Fahrrad   das Meer
der Strand   der Fluss   das Schiff

2 Markiere den ersten Buchstaben.
Ordne die Wörter unter den Kästen nach dem ABC.

treffen   packen   interessant
~~draußen~~   glücklich

Urlaub   Europa   Hitze
Deutschland   Ferien

draußen

› Wortschatz erweitern und selbstständig üben
› Alphabet als Ordnungssystem nutzen

› Sprachbuch, Seite 8

Einen Comic kennenlernen

1 Umut hat sein Lieblingsessen aufgemalt und aufgeschrieben.
Elsa hat ihre Nachmittagsaktivitäten aufgeschrieben.
Welche Vorlage passt wozu? Verbinde.

Leporello

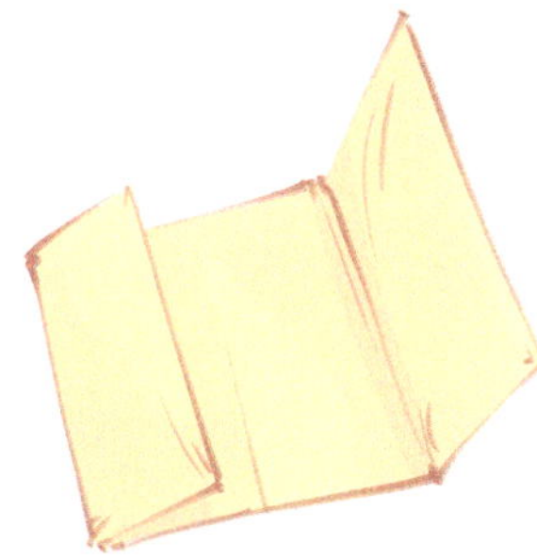

Fensterläden

2 Paul will ein Memo-Flip schreiben.
Schreibe auf, was er in Berlin gesehen hat.

Wir waren in Berlin.
Dort haben wir die
Berliner Mauer,
den Fernsehturm,
die Siegessäule und das
Brandenburger Tor
gesehen. Am schönsten
war aber der Besuch des
Naturkundemuseums.

Satzglieder kennenlernen

Sätze bestehen aus mehreren Teilen.
Sie können ihren Platz im Satz verändern.

1 Lies die Sätze in den Satzbussen.
Kreise die Reiseleitung ein.

Das **Verb** ist die Reiseleitung
im Satzbus.
Sie steht an zweiter Stelle
im Satz.

2 An welcher Stelle können die Wortkarten im Satzbus stehen?
Schreibe Sätze. Kreise die Wörter ein, die vor der Reiseleitung stehen.

Paul

ans Meer

Denke an
die Großschreibung am Satzanfang
und an das **Satzschlusszeichen**.

Lulu

nach Italien

am liebsten

Satzglieder erkennen

1 Bilde mit den Wortkarten verschiedene Sätze. Schreibe sie in die Satzbusse.

Paul | über | Berge | die

Satzglieder sind die Wörter, die gemeinsam vor der Reiseleitung stehen können.

2 Bilde mit den Wortkarten sinnvolle Sätze. Schreibe sie auf.

Umut | liebsten | ans | reist | Meer | am

Sätze untersuchen: Prädikat

1 Welche Satzglieder können vor der Reiseleitung stehen?
Schreibe alle Möglichkeiten auf.

Auf dem Rastplatz isst Elsa einen Hamburger in der Pause.

Einen Hamburger isst

2 Kreise in den Sätzen die Reiseleitung ein.
Kreise ein, was **vor** der Reiseleitung steht. Kreuze an.

Die Reiseleitung steht immer

☐ an erster Stelle. ☐ an zweiter Stelle. ☐ an dritter Stelle.

3 An welchem Platz sitzt die Reiseleitung?
Ist das richtig ☺ oder falsch ☹?
Kreuze an.

Achtung, finde die Fehler!

				☺	☹
Lulus Papa	holt	die Koffer	aus dem Auto.	☐	☐
Aus dem Auto	Lulus Papa	holt	die Koffer.	☐	☐
Die Koffer	holt	Lulus Papa	aus dem Auto.	☐	☐
Aus dem Auto	die Koffer	Lulus Papa	holt.	☐	☐
Aus dem Auto	holt	Lulus Papa	die Koffer.	☐	☐

› sprachliche Operationen kennen und nutzen: Vorfeldprobe
› Struktur von Sätzen erkennen: Satzglieder
› grundlegende sprachliche Begriffe kennen: Prädikat

› Sprachbuch, Seite 12

Sätze untersuchen: zweiteiliges Prädikat

Manchmal besteht das **Prädikat** aus **zwei Teilen**.
Der zweite Teil steht am Ende:
aufsetzen – Lulu setzt ihren Rucksack auf.

1 Verbinde die beiden Prädikatsteile mit der richtigen Grundform.

Die Kinder steigen in den Zug ein.	abstellen
Sie stellen ihr Gepäck ab.	auspacken
Umut packt sein Essen aus.	einsteigen
Der Zug kommt um 15 Uhr an.	aussteigen
An ihrem Ziel steigen alle aus.	ankommen

2 Schreibe die zweiteiligen Prädikate in der richtigen Personalform.

einpacken → packt … ein

Elsa packt ihr Rätselheft ein.

einsteigen → steigt … ein

Umut ______________ in den Zug ________.

abfahren → fährt … ab

Um 13.12 Uhr ______________ der Zug __________.

auspacken → packt … aus

Paul ______________ seinen Koffer __________.

Sätze untersuchen: Fragesätze

1 Lies die Fragesätze. Unterstreiche das Prädikat am Satzanfang und das Fragezeichen am Satzende rot.

Fliegt das Flugzeug nach München?

Machen wir bald eine Pause?

Gibst du mir mal die Wasserflasche?

Schmeckt das Essen im Hotel gut?

Kommt der Zug pünktlich?

2 Was möchte Pauls Oma wissen? Schreibe ihre Fragen auf. Stelle das Prädikat an den Satzanfang.

Kommt der Zug pünktlich?

Der Zug kommt pünktlich.

Der Zug hat einen Speisewagen.

Es gibt eine Toilette an Bord.

Die Sitze sind bequem.

3 Markiere in deinen Sätzen das Prädikat am Satzanfang und das Fragezeichen.

› sprachliche Operationen kennen und nutzen: Vorfeldprobe
› Struktur von Sätzen erkennen: Satzglieder
› grundlegende sprachliche Begriffe kennen: Fragesatz

› Sprachbuch, Seite 14

Mit Satzgliedern Sätze erweitern

1 Sage es genauer, indem du die passenden Informationen in den Sätzen ergänzt.

Achte auf die Farben.

nach Oslo	~~mit dem Schiff~~	nach Kiel	drei Tage	um 12 Uhr

Wir fahren nach Oslo.

Wir fahren mit dem Schiff nach Oslo.
(Womit?)

Wir fahren mit dem Schiff.

Wir fahren mit dem Schiff ________________.
(Wohin?)

Wir kommen in Oslo an.

Wir kommen ________________ in Oslo an.
(Wann?)

Wir bleiben in Oslo.

Wir bleiben ________________ in Oslo.
(Wie lange?)

Die Rückfahrt ist spät.

Die Rückfahrt ________________ ist spät.
(Wohin?)

Reise nach Oslo

› Abfahrt ab Kiel: 05.03., 7:00 Uhr

› Ankunft in Oslo: 06.03., 12:00 Uhr

› Rückfahrt ab Oslo: 08.03., 23:00 Uhr

› Ankunft in Kiel: 09.03., 04:30 Uhr

2 Sage es genauer. Schreibe passende Begriffe.

Lulu träumt.

Lulu träumt um ____________.

Lulu träumt um ____________ im ____________.

Lulu träumt um ____________ im ____________ von ________________.

Rechtschreibstrategien verwenden: Vokallänge prüfen

1 Schreibe die fehlenden Vokale. Setze Silbenbögen.

a	u
i	e
ä	o
ü	ö

W_a_sser

H__fte

T__te

B__lder

L__ffel

W__lke

W__le

S__ppe

2 Setze Silbenbögen. Ist der Vokal lang – oder kurz • ? Verbinde.

Hose	–	Wippe	–	Hupe	–
Tonne	•	Ziege	•	Puppe	•
Schlüssel	–	Lampe	–	Hemden	–
Rübe	•	Tafel	•	Kleber	•

3 Ordne und schreibe die Nomen. Setze Silbenbögen.
Kennzeichne die Vokallänge mit – oder • .

langer Vokal –	kurzer Vokal •
Hose	Tonne

Wörter mit doppelten Konsonanten schreiben

1 Kreise alle doppelten Konsonanten in den Adjektiven ein.

dünne	runde	nasse	flinke
kranke	volle	krumme	bunte
stille	flotte	feste	gelbe

2 Ordne und schreibe die Adjektive. Setze Silbenbögen.

zwei gleiche Konsonanten

dünne

zwei verschiedene Konsonanten

runde

3 Lies die Wörter halblaut. Schreibe richtig.

schne l / ll

gla t / tt

dü n / nn

he l / ll

bla s / ss

Ist der **Vokal** in einem einsilbigen Wort kurz und du hörst nur einen **Konsonanten**, musst du ihn verdoppeln.

4 Schreibe mit einem Adjektiv einen Satz.

Wörter mit doppelten Konsonanten schreiben

1 Setze Silbenbögen und • unter den Vokal in der ersten Silbe.

bellen	summen	hoffen	knurren
rennen	kommen	retten	fassen

Bei **Verben** mit doppelten **Konsonanten** schreibst du die doppelten **Konsonanten** auch in der **Personalform**:

rollen: ich rolle, du rollst, er rollt

2 Schreibe 4 Verben in den Personalformen auf. Kreise die doppelten Konsonanten ein.

er bellt, er

du bellst, du

3 Schreibe die Verben in der Grundform auf. Setze Silbenbögen und • unter den Vokal in der ersten Silbe.

men teln es ~~schnup~~ schüt schwim ~~pern~~ sen

schnuppern

› Stammprinzip beachten
› Rechtschreibstrategien verwenden: Vokallänge
› grammatisches Wissen für Rechtschreibung nutzen

› Sprachbuch, Seite 18

Wörter mit doppelten Konsonanten schreiben

1 Ordne und schreibe die Nomen mit Artikel.

~~der Kamm~~	die Schiffe	die Männer	die Bälle
~~die Kämme~~	der Ball	der Mann	das Schiff

ein/eine	viele
 der Kamm	 die Kämme

2 Setze Silbenbögen.
Setze • unter den kurzen Vokal in der ersten Silbe.

Klingt der **Vokal** in der ersten Silbe kurz, dann folgt ein **Doppelkonsonant**: der Schwamm.
Klingt der **Vokal** in der ersten Silbe lang, dann folgt nur ein **Konsonant**: das Tal.

3 Ein oder zwei Konsonanten?
Markiere die Vokallänge mit – oder • . Schreibe richtig.

 das Fa s / ss → das Fass

 der Flu s / ss → ____________

 der Hu t / tt → ____________

 das Gla s / ss → ____________

 das Bre t / tt → ____________

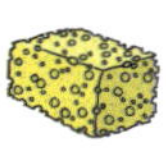 der Schwa m / mm → ____________

Ein Lapbook überarbeiten

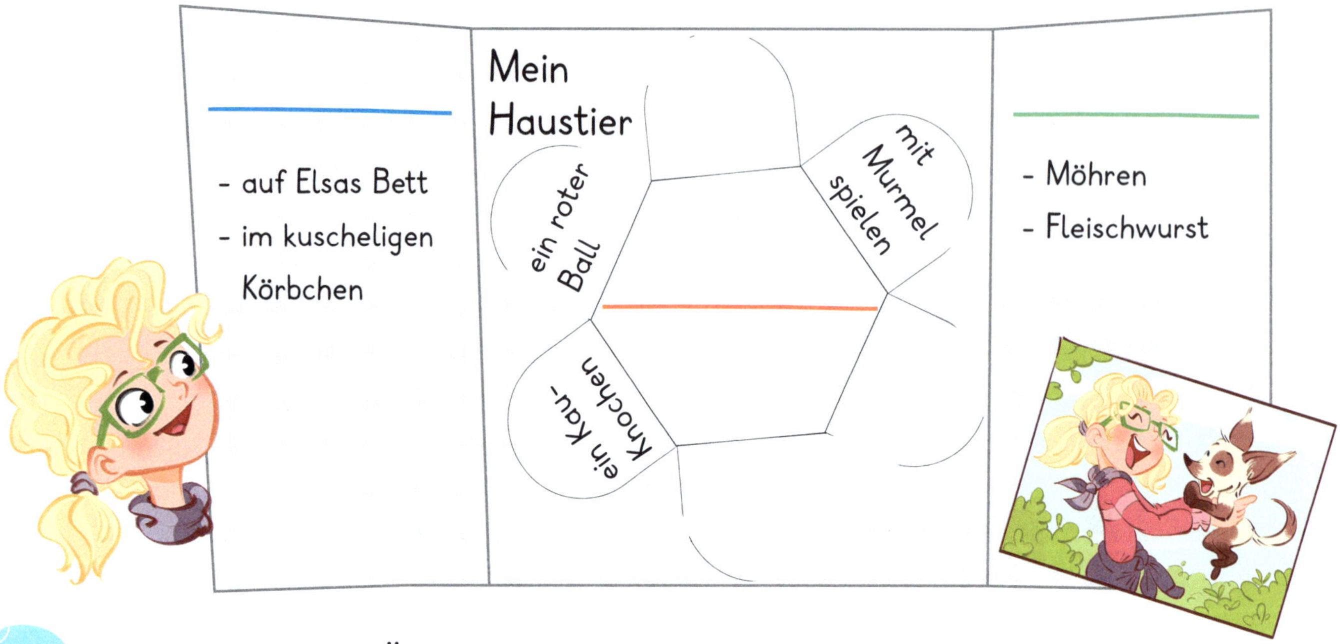

1 Wohin passen die Überschriften? Schreibe sie in Elsas Lapbook hinein.

Dort schläft Uno	Das frisst Uno	Das mag Uno

2 Was ist gut gelungen an Elsas Lapbook? Kreuze an oder schreibe selbst.

- ☐ Es ist übersichtlich.
- ☐ Man kann das Thema erkennen.
- ☐ Es ist vollständig.
- ☐ ______________________________

3 Was könnte Elsa noch besser machen? Kreuze an oder schreibe selbst.

- ☐ Sie könnte noch etwas malen.
- ☐ Sie könnte noch mehr in die Blume schreiben.
- ☐ Sie könnte ein besser passendes Bild an die Stelle mit Unos Futter kleben.
- ☐ ______________________________

4 Zu welchem Thema würdest du gerne ein Lapbook gestalten? Schreibe.

____

UNTER DER LUPE

Achtung, finde die Fehler!

1 Die rot unterstrichenen Wörter sind falsch.
Arbeite mit der Strategie und entscheide: 1 oder 2 Konsonanten?
Schreibe richtig.

Umut seggelt mit einem Schif um die Welt. segelt, ______________________

Oft schwimmt er mit den Delfinen im Waser. ______________________

Am Strand spiellen er und seine Freunde Bal. ______________________

Er schläft so lange er wil. ______________________

Auf seiner Reise erlebt er spanende Abenteuer. ______________________

2 Klingt der Vokal in der ersten Silbe lang oder kurz?
Setze Silbenbögen.
Setze – unter einen langen und • unter einen kurzen Vokal.

prallen	Züge	schwimmen	Fliege
Bagger	reden	lustig	sagen

3 Ordne die Wörter und schreibe.

langer Vokal, offene Silbe –	kurzer Vokal, geschlossene Silbe •
Züge	prallen

UNTER DER LUPE

1 In welchen Sätzen stehen beide Teile der Reiseleitung an der richtigen Stelle? Lies und kreuze an.

- [ ] Die Helfer sammeln viel Müll am Strand ein.
- [ ] Die Helfer viel Müll sammeln am Strand ein.
- [ ] Am Strand sammeln die Helfer viel Müll ein.
- [ ] Am Strand sammeln die Helfer ein viel Müll.

2 Schreibe Sätze mit zweiteiligen Prädikaten.
Kreise beide Prädikatsteile ein und verbinde sie.

Umuts Famile	abreisen	am Morgen

Umuts Vater reist am Morgen ab.

Lulu	einsteigen	am Bahnhof	in den Zug

____

im Hotel	auspacken	die Koffer	Paul

____

3 Bilde Fragesätze. Stelle das Verb an den Anfang.

Die Detektive fahren bald in den Urlaub.

Fahren ____________________ ?

Elsa holt jeden Morgen Brötchen.

____________________ ?

› Rechtschreib- und Grammatikwissen anwenden
› grundlegende sprachliche Begriffe und Strukturen kennen

› Sprachbuch, Seite 22, 23

Kapitel 2

essen – bewegen – genießen

1 Lies den Comic.
Was könnte Maxi im letzten Bild sagen?
Schreibe in seine Sprechblase.

2 Welche Comics kennst du? Schreibe auf.

Wörter üben

1 Schreibe die Nomen mit Artikel. Markiere deine Lupenstellen.

der Comic ~~der Lehrer~~ die Mannschaft der Fußball der Chor

 der Lehrer

2 Ordne die Verben nach dem ABC.
Schreibe geordnet auf.

säen schmecken trainieren hüpfen herstellen kochen ~~backen~~

backen,

3 Welches Wort ist gemeint? Schreibe und markiere deine Lupenstellen.

das Adjektiv mit **-lich** am Ende: ______________________

das Wort mit **ss**: ______________________

das Nomen mit **ie**: ______________________

das Nomen mit **Th** am Anfang: ______________________

das Nomen mit **ee**: ______________________

bisschen
Theater
Lied
Beet
deutlich

› Wortschatz erweitern und selbstständig üben
› Alphabet als Ordnungssystem nutzen

› Sprachbuch, Seite 27

Einen Comic kennenlernen

1 Betrachte den Comic genau.

Sound ist Englisch und heißt Geräusch.
Man spricht es [saund].
Soundwort bedeutet also Geräuschwort.

Speedline ist Englisch und heißt: Geschwindigkeitslinie. Man spricht es [Spiedlein].

2 Lies den Comic. Zu welcher Tageszeit sind die Menschen im Park? Schreibe.

____

3 Was sagen dir die Soundwörter und Speedlines?
Kreuze an.

- [ ] Die Frau ist schnell unterwegs.
- [ ] Die Frau geht sehr langsam.
- [ ] Die Frau steht.

- [ ] Der Junge hört leise Musik.
- [ ] Der Junge hört laute Musik.
- [ ] Der Junge telefoniert.

- [ ] Das Mädchen verliert den Helm.
- [ ] Das Mädchen fährt sehr schnell.
- [ ] Vom Helm geht die Farbe ab.

Satzschlusszeichen kennen und anwenden

1 Lies die Sätze und finde das passende Ende.
Male in der richtigen Farbe an.

Beim Rollstuhl-Tischtennis

mit den Fußgänger-Kindern.

spielt Paul

Auch im Rollstuhl

andere Rollstühle.

haben wir

In der Tischtennis-AG

Sport treiben.

können Kinder

2 Kreise die Satzanfänge und die Punkte am Satzende grün ein.

Der Punkt . am Ende ist ein **Satzschlusszeichen.**

3 Schreibe die Sätze richtig auf.
Denke an die Großschreibung am Satzanfang und an den Punkt am Satzende.

Achtung, finde die Fehler!

wir haben einen netten Trainer

Wir

er ist auch Rollstuhlfahrer

wir trainieren oft

Fragen, Ausrufe und Aufforderungen kennen

1 Lies, was die Kinder fragen.

2 Ergänze die Fragen mit den passenden Fragewörtern.
Kreise die Fragezeichen ? blau ein.

Warum?	Wer?	Wie viele?

______________ Kinder untersuchst du jedes Jahr?

______________ hast du dir den Beruf als Zahnärztin ausgesucht?

______________ bestimmt, welche Schule du besuchst?

3 Ordne die Aufforderungen und Ausrufe passend zu und verbinde sie.
Kreise die Ausrufezeichen ! rot ein.

 ○ ○ Aua!

 ○ ○ Den Mund weit öffnen!

 ○ ○ Ih, das esse ich nicht!

 ○ ○ Verbessere!

 ○ ○ Rote Karte!

Satzschlusszeichen verwenden

1 Lies die Geschichte halblaut.
Entscheide, welche Satzschlusszeichen du verwenden musst.

In der Pause holen die Kinder ihr Essen aus dem Ranzen .
Doch was ist das ☐ Mias Brotdose ist leer ☐
Wie kann das sein ☐ Mia ist traurig ☐
Plötzlich klopft es an der Tür ☐
Juhu, es ist Mias Mutter ☐ Sie bringt ihre richtige Dose ☐
Nun kann Mia ihr Frühstück doch noch genießen ☐

Wenn jemand erzählt: .

Wenn jemand etwas fragt: ?

Wenn jemand etwas laut ausruft: !

2 Kreise das richtige Satzschlusszeichen ein. Schreibe die E-Mail richtig auf.

Liebe Mia,
schade, dass du heute krank warst . ? !
Im Deutschunterricht war es heute so toll . ? !
Kommst du morgen wieder . ? !
Liebe Grüße
Jonas

Liebe Mia,

Wörtliche Rede kennenlernen

1 Lies die Sätze aufmerksam.

Aurora fragt: „Was machen wir heute in der Experimentier-AG?"

Luis antwortet Ich glaube, wir stellen Seife her.

Da freut sich Lola Toll! Das wird bestimmt interessant.

Willi protestiert Nein, keine Seife! Dann muss ich mich ja waschen.

Maja kichert leise Hoffentlich riecht die Seife gut.

Ali erzählt Ich habe schon mal Ringelblumen-Seife hergestellt.

2 Wer spricht? Unterstreiche die Begleitsätze und setze Doppelpunkte.
Setze das, was in den Sprechblasen steht, in Anführungszeichen „ “ .

3 Was sagen oder rufen Lara und Jonas?
Schreibe mit Begleitsätzen und wörtlicher Rede auf.

Wörtliche Rede verwenden

1 Wie kannst du sprechen? Kreise ein. Es sind 7 Wörter.

laufen
fragen
erzählen
trinken
jagen
beißen
rufen
bitten
antworten
flüstern
helfen
murmeln
schreiben
essen

Alle Wörter, die dir sagen, wie jemand spricht, gehören zum **Wortfeld** sprechen.

2 Lies die Sätze.
Ergänze das passende Verb im Begleitsatz.

erzählt	stöhnt	überlegt	freut sich

Elsa erzählt: „Heute haben wir Briefe an unsere Partnerklasse geschrieben."

Paul ______________ Ob mein Brieffreund auch in einem Verein Tischtennis spielt?

Lulu ______________ Endlich habe ich eine Brieffreundin! Vielleicht liest sie auch so gerne wie ich?

Umut ______________ Oh nein! Briefe schreibe ich gar nicht gerne!

3 Ergänze in den Sätzen die Zeichen der wörtlichen Rede:
Doppelpunkt am Ende des Begleitsatzes und Anführungszeichen.

4 Kreise die Doppelpunkte und die Anführungszeichen ein.

› Wörter ordnen: Wortfeld
› Funktion des Begleitsatzes kennen
› grundlegende sprachliche Begriffe kennen: Begleitsatz

› Sprachbuch, Seite 33

Wörter in Silben gliedern

1 Setze Silbenbögen und schreibe die Wörter geordnet.

Lehrerin Lied draußen Chor Mannschaft herstellen

1 Silbe	2 Silben	3 Silben

2 Lies den Text und setze Silbenbögen.

Nach Schulschluss

Am Ende eines Schultages müssen alle Kinder aufräumen.

Sie fegen die Klassenzimmerböden.

Dann ist es sehr still in der Grundschule Neustadt.

Alle Kinder sind auf dem Nachhauseweg.

3 Schreibe den Text ab. Sprich dabei halblaut in Silben.

Silbenkerne erkennen und nutzen

1 Wie enden die Wörter? Male die Kugeln passend zum Korb an.

2 Schreibe die Nomen mit bestimmtem Artikel auf.
Kreise das versteckte **e** in der zweiten Silbe ein.

Nomen mit **-tel**: der Gürtel, ______________________

____

Nomen mit **-gel**: ______________________________

____

3 Wie enden die Wörter? Entscheide.

 Bauer

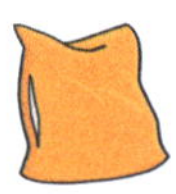 Kiss____

 Gläs____

 Traub____

 Koff____

 Kuch____

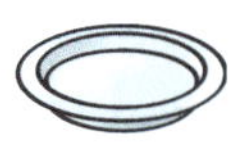 Tell____

 Banan____

4 Schreibe Sätze. Benutze in jedem Satz 2 Wörter von dieser Seite.

____

____

____

____

Silbenstruktur erkennen

1 Suche die passenden zweisilbigen Wörter. Male sie in der gleichen Farbe an.

hell	pfeifen	kalt	halten
bellt	Bälle	winkt	kalte
pfeift	heller	hält	Blätter
Glas	bellen	biegt	winken
Ball	Gläser	Blatt	biegen

2 Setze Silbenbögen. Markiere die Buchstaben, die beim 2-silbigen Wort besser abzuhören sind.

Haus	→	Häuser	sitzt	→	sitzen
Sand	→	sandig	trägt	→	tragen
Uhr	→	Uhren	bunt	→	bunte
trinkt	→	trinken	schnell	→	schnelle

3 Schreibe passende 2-silbige Wörter.

Zug

trinkt

Stall

singt

Wörter mit Silben-h schreiben

1 In diesen Wörtern fehlt das **h**. Sprich die Wörter deutlich, ergänze das **h** und schreibe das Wort.

flehen	flehen	ge__en	
se__en		dre__en	
lei__en		verste__en	

2 Male passende Nomen in der gleichen Farbe an.

eine Kuh	viele Flöhe
ein Reh	viele Kühe
ein Floh	viele Rehe
ein Schuh	viele Zehen
ein Zeh	viele Schuhe

Damit in einem 2-silbigen Wort nicht zwei **Vokale** aufeinandertreffen, schreibst du ein **h** am Anfang der 2. **Silbe**: se-hen.

3 Schreibe die Nomen geordnet in die Tabelle. Setze Silbenbögen und kreise das **h** ein.

1-silbig	2-silbig
eine Kuh	viele Kühe

Es sind in jedem Satz 2 Wörter.

4 Unterstreiche die Wörter mit Silben-**h**.

Der Floh geht spazieren. Er sieht eine Kuh. Sie muht, aber er versteht sie nicht. Da entdeckt er ein Reh, das am Waldrand steht.

› Rechtschreibstrategien verwenden: Schwingen
› grammatisches Wissen für Rechtschreibung nutzen
› Rechtschreibgespür entwickeln: silbeninitiales h

› Sprachbuch, Seite 37

Eine Geschichte mit wörtlicher Rede schreiben

Wer spricht und wie gesprochen wird, steht im **Begleitsatz**. Er endet mit einem **Doppelpunkt**.

Was jemand sagt, wird durch **Anführungszeichen** gekennzeichnet.

Oma flüstert: „Kauf dir so viel Eis, wie du möchtest.“

1 Betrachte den Comic genau. Überlege und schreibe, was die Personen sagen und wie sie es sagen. Wähle passende Verben aus.

fragt   schlägt vor   tröstet   ~~schreit~~   flüstert   stammelt   antwortet

In der Pause

Auf dem Schulhof gibt es in der Pause einen großen Streit zwischen Jan und Sina, weil Jan Sinas Freundin Mia geschubst hat.

Jan schreit: „Mia hat angefangen! Die ist doof!“ Sina brüllt: ______

______

Mia hat sich sehr wehgetan und weint. Pepe tröstet Mia. Er will wissen, was passiert ist.

Pepe ______ : ______

Da kommt Herr Karl angelaufen.

Herr Karl ______ :

______

Jan möchte sich bei Mia entschuldigen.

Jan ______ :

______

Mia ______ :

______

Eine Geschichte überarbeiten

1 Lies die Geschichte genau.

Achtung, finde die Fehler!

Es ist warm. Die Detektive langweilen sich.

Da ~~sagt~~ meint Paul: „Lasst uns ins Schwimmbad gehen!“ V

Im Schwimmbad hüpfen die Detektivkinder schnell ins Wasser.

Im Kino gibt es Popcorn.

Lulu sagt: „Huch, ist das Wasser kalt!“

Elsa rutscht. Sie sagt: „Das macht Spaß!“

Aber Umut sagt: „Ich geh aus dem Wasser. Mir ist kalt.“
Doch als Umut sich abtrocknen will, findet er sein Handtuch nicht.

Aufgelöst sagt er zu den anderen Kindern: „Mein Handtuch ist gestohlen worden!“
Da kommt der Bademeister mit einem Handtuch angerannt.

Er sagt: ...

2 Überarbeite die Geschichte. Hake ab, wenn du etwas überarbeitet hast.

a) Finde den Satz, der nicht zur Geschichte gehört. Streiche ihn durch.

b) Unterstreiche die Begleitsätze blau.
Verbessere die unterstrichenen Wörter in den Begleitsätzen.
Wähle passende Verben:

bibbern	rufen	quietschen	schimpfen	jammern	kichern

c) Die Geschichte hat keinen richtigen Schluss.
Schreibe einen passenden Schluss.

UNTER DER LUPE

1 Kreise die Fehler ein und schreibe die Wörter richtig darunter.

Achtung, finde die Fehler!

Die Gartn-AG in der Grundschule Neustadt

Die Kinder arbeitn im Schulgarten, auch wenn es regnet.

Einmal in der Woche mäht der Hausmeister den Rasn.

Andere Kinder singn Lieder im Chor.

gehen, also geht

Kühe, also ...

Elsa get zum Chor. Sie liebt das Lied von der verrückten Ku.

2 Sind : „“ richtig gesetzt? Verbessere.

Achtung, finde die Fehler!

Herr Jubel: meint „Du musst alleine“ vorsingen.

Elsa lacht: „Da werden Sie sich die Ohren“ zuhalten!

1 Ergänze die passenden Satzschlusszeichen. . ? !

Juchu ☐ Mein Handtuch ist wieder da ☐

So ein Glück ☐
Der Bademeister hat gewusst, dass es dir gehört ☐

Das war ein toller Tag ☐
Lasst uns gehen ☐

Was hätten wir gemacht, ohne Handtuch ☐

2 Ergänze die Begleitsätze mit passenden Verben. Schreibe auf, was die Kinder sagen. Denke an : „“ und die Satzschlusszeichen.

~~jubeln~~ gähnen meinen überlegen bestätigen vorschlagen

Umut jubelt: „Juchu! Mein ______________________

____

Paul ______________________

____

Elsa ______________________

____

Lulu ______________________

____

Kapitel 3

beobachten – verstehen – schützen

1 Lies den Text. Schreibe die Wörter.

bedroht
Stachel
kühlen
Zwiebel

Bienen stechen nur, wenn sie sich _ _ _ _ _ _ _ fühlen.

Der Stich tut weh und die Stelle juckt.

Man soll den _ _ _ _ _ _ _ aus der Haut ziehen.

Die Stelle muss man mit einem kalten Tuch _ _ _ _ _ _.

Man kann die Stelle auch mit einer _ _ _ _ _ _ _ einreiben.

2 Wähle ein Tier aus und schreibe einige Sätze über das Tier.

☐ 

- 6000-8000 braune Stacheln
- rollt sich bei Gefahr zusammen
- Stacheln schützen vor größeren Tieren

☐ 

- Schwanz mit giftigem Stachel
- verteidigt sich mit Stachel
- Stachel kann nachwachsen

Wörter üben

1 Setze Silbenbögen. Ordne und schreibe die Wörter.

Freiheit · Ernährung · ungefähr · Reh · gefährlich · fertig · Ruhe · Qual · ~~jung~~

1 Silbe	2 Silben	3 Silben
jung		

2 Schreibe die Silben und bilde Verben.

b r u m	m e n

b e			

ten · ob · gen · ~~men~~ · ach · sen · fres · ja

3 Schreibe die Adjektive. Markiere deine Lupenstellen.

fleißig · nützlich · ängstlich · hungrig · gefährlich · kräftig

› Wortschatz erweitern und selbstständig üben
› mit Sprache experimentell und spielerisch umgehen
› Rechtschreibgespür entwickeln

› Sprachbuch, Seite 45

Eine Beschreibung planen und schreiben

1 Male die Wortkarten passend aus.

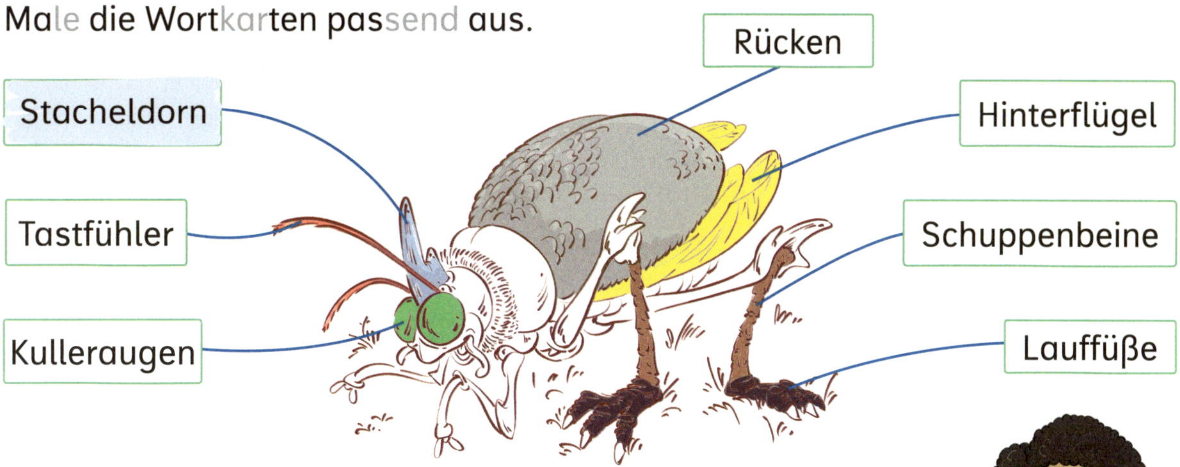

2 Ordne die Adjektive passend zu. Schreibe.

Denke an die passenden Endungen.

lang	~~gezackt~~	riesig

groß	gelb	schuppig

der	gezackte	Stacheldorn	die	______	Hinterflügel
die	______	Tastfühler	die	______	Schuppenbeine
die	______	Kulleraugen	die	______	Lauffüße

3 Beschreibe das Aussehen des Schuppen-Käfers.
Schreibe Sätze und beschreibe jedes Nomen mit 2 Adjektiven.

Der Schuppen-Käfer hat einen gezackten, blauen Stacheldorn. Er hat

Nomen kennen

1 Ordne und schreibe die Nomen. Kreise die Anfangsbuchstaben ein.

Vogel Flugzeug Wolke Bäcker Klee
Qualle Meer Fell Natur

der	die	das
Vogel		

2 Kreise die Schiebewörter vor den Nomen ein.

Vor Nomen kann man **Schiebewörter** einschieben. Nomen schreibt man groß. Nomen haben einen **Artikel**: das große Haus.

Für manche Wildtiere ist der Zoo die letzte Rettung.

In der freien Natur werden sie wegen ihrer Haut gejagt.

Auch das gemusterte Fell ist unter Wilderern begehrt.

Für die Gesundheit der Tiere sorgt das gesunde Futter.

Die zahlreichen Zoobesucher freuen sich, wenn sie die wilden Tiere sehen.

3 Setze passende Schiebewörter ein.

schönen schmutzigen kleinen hungrigen schnelle

Der ______________ Leopard ist besonders beliebt.
Die ______________ Kinder freuen sich
über die ______________ Fotos.
Die Tierpfleger füttern die ______________ Tiere regelmäßig
und säubern die ______________ Gehege.

› Merkmale von Nomen kennen und anwenden
› grundlegende sprachliche Begriffe kennen: Nomen

› Sprachbuch, Seite 46

Mit Nomen arbeiten und Artikel verwenden

1 Lies die Regalbeschriftung.

2 Welche Bücher sind gemeint? Schreibe auf.

Bücher über Märchen	Bücher mit Bildern	Bücher über Computer
Märchenbücher		
Bücher über Tiere	**Bücher zum Hören**	**Bücher über Abenteuer**

3 Unterstreiche jeweils das Grundwort.

4 Ordne die Nomen nach ihrem bestimmten Artikel. Schreibe.

Blumenvase	Baumkrone	Katzenkind
Wildtier	Vogelnest	Blumentopf
Baumstamm	Waldboden	Gartenpflanze

der	die	das
	Blumenvase	

Zusammengesetzte Nomen bilden

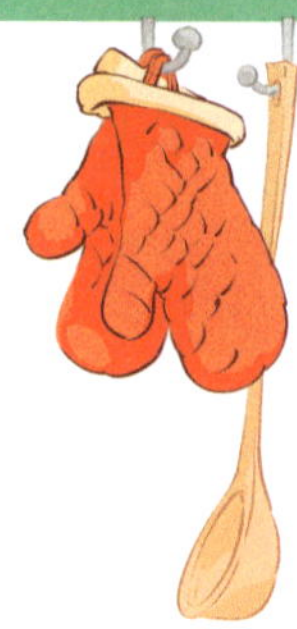

1 Welche Suppe könnte Paul kochen?
Setze zusammen und schreibe.

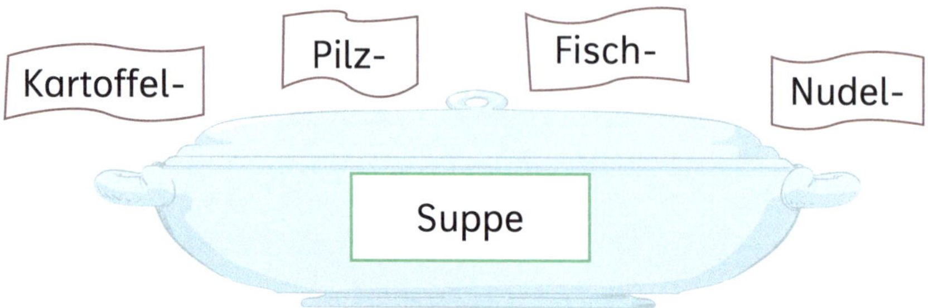

Kartoffelsuppe,

2 Lies und kreise bei diesen Suppen das eingefügte **s** oder **n** ein.

Tomate**n**suppe Frühling**s**suppe Erbse**n**suppe
Hochzeit**s**suppe Gurke**n**suppe
Mitternacht**s**suppe Möhre**n**suppe Liebling**s**suppe

3 Schreibe alle Suppennamen in die Tabelle.

eingefügtes **s**	eingefügtes **n**
Frühlingssuppe	

› Merkmale von Komposita kennen
› Fugenlaute kennen
› w

› Sprachbuch, Seite 50

Nomen mit -heit, -keit, -ung kennen

1 Schreibe die Wortpaare auf.

Dummheit	betonen	Wahrheit	klar	Klarheit	dumm
Heilung	wahr	Betonung	heil		

betonen – Betonung,

2 Bilde passende Nomen.
Schreibe richtig.

-keit

höflich	traurig	ewig
Höflichkeit		

-heit

frech	frei	trocken

-ung

entführen	entdecken	retten

3 Bilde Nomen. Schreibe.

-heit	-keit	-ung

Nomen in Treppengedichten erkennen

1 a) Lies den Satzbus und das Treppengedicht.

b) Schreibe ein Mehrfach-Treppengedicht. Überlege dir passende Schiebewörter.

a)

b)

der Wal

der dicke Wal

der dicke, frierende Wal

trägt

im Sommer

im heißen Sommer

im heißen, langen Sommer

einen Schal

einen warmen Schal

einen warmen, gestreiften Schal.

2 Unterstreiche alle Nomen.
Überprüfe deine Großschreibung.

Nomen im Satz erkennen

toller tolle tolle tolle tolle toller tolle

Mein Opa findet morgens viele Krebse am Strand.

toller ~~tollen~~ tolle tollen

[Mein Opa] [findet] [morgens] [viele Krebse] [am Meer.]

Um die **Nomen** zu finden, reicht es, die **Schiebewortprobe** mit dem letzten Wort eines **Satzglieds** durchzuführen.

1 Wende die Busprobe an. Kreise die Satzglieder ein.

Der Hai frisst viele Robben.

Zur Verteidigung benutzt der Rochen einen Giftstachel.

Die Krabben leben zwischen den Steinen.

Satzglieder erkenne ich durch die **Busprobe**. Dabei schaue ich, welche Wörter oder Wortgruppen vorne stehen können. Das sind die **Satzglieder**.

2 Schreibe passende Schiebewörter.

der große ______ Hai

viele ______ Robben

zur ______ Verteidigung

der ______ Rochen

einen ______ Giftstachel

die ______ Krabben

zwischen den ______ Steinen

3 Kreise die Schiebewörter grün ein.

IM FLACHEN MEER LEBEN BUNTE FISCHE.

4 Schreibe den Satz richtig auf. Denke an die Großschreibung der Nomen.

____

Schiebewortprobe bei Satzgliedern üben

1 Unterstreiche das letzte Wort der Satzglieder.

Achtung, finde die Fehler!

Die [X] schnecke [ ] liest [ ] heute am [ ] strand.

Nur [ ] manchmal [ ] trompetet der [ ] elefant ein [ ] lied.

Die [ ] möwe [ ] nascht sehr [ ] gerne frische [ ] muscheln.

2 Kreuze an, wo ein Schiebewort passen könnte. Kreise die Nomen ein.

Die **Schiebewortprobe** geht schneller,
wenn ich die **Satzglieder** kenne.
Denn nur das letzte Wort eines **Satzgliedes**
wird großgeschrieben,
wenn ich davor ein **Schiebewort** einsetzen kann.

3 Wähle ein passendes Schiebewort aus und schreibe die verlängerten Sätze richtig auf. Denke daran, dass du die Nomen großschreibst.

faule	hungrige	schönen	lustiges	leckere	dicke

Die

4 Unterstreiche die Nomen. Kreise die Schiebewörter ein.

Das müde Faultier trägt im kalten Winter eine grüne Mütze auf seinem kleinen Kopf.

› Rechtschreibstrategien verwenden: Nomen großschreiben
› Struktur von Sätzen erkennen: Kern der Nominalgruppe

› Sprachbuch, Seite 54

Nomen im Satz großschreiben

1 Was siehst du auf den Bildern? Schreibe jeweils einen Satz.

Die Qualle

Der Wal

Der Hai

2 Überprüfe in deinen Sätzen die Großschreibung mit der Schiebewortprobe. Schreibe deine Sätze mit passenden Schiebewörtern auf.

faule	müde	fröhliche	aufgeregte	neugierige	fleißige

3 Male selbst ein lustiges Bild und schreibe einen langen Satz dazu. Unterstreiche alle Nomen.

Eine Beschreibung überarbeiten

1 Lies den Text.

Das Wildschwein

Wildschweine sind
ganz schön groß und schwer.
Sie haben ein braunes, borstiges Fell.
Ihre Augen sind klein.
Wie die Ohren sind, weiß ich nicht.
Wildschweine haben Eckzähne.
Die Jungtiere nennt man Frischlinge.
Sie haben irgendein Muster im Fell.

120–160 cm lang
Schulterhöhe: 80–95 cm
Gewicht: 90–200 kg

Ohren: klein und mit
Fell bedeckt

Eckzähne: bei Männchen
und Weibchen groß

Frischlinge: helle Streifen
im Fell

2 Die Beschreibung ist an 3 weiteren Stellen ungenau.
Unterstreiche die Stellen.

3 Ordne die genaueren Angaben zu. Verbinde.

4 Schreibe den verbesserten Sachtext auf.

› Text an der Schreibaufgabe überprüfen
› Texte in Bezug auf die sprachliche Gestaltung hin überprüfen

› Sprachbuch, Seite 57

UNTER DER LUPE

Achtung, finde die Fehler!

1 Kreise die Fehler ein und schreibe die Wörter richtig auf.

Im internet findet man viele informationen über nagetiere.

Internet,

Man Sieht Erklärungen über die tierentwicklung.
und über Die ernährung.

In einem Stecksbrief steht, welches Futter RennMäuse brauchen.

Die Lebengewohnheiten einer Feldermaus sind interessant.

2 Welche Nomen sind aus 2 Nomen zusammengesetzt? Kreise ein.

Steckbrief	Rennmäuse	Feldmaus	Nagetier	Tierkäfig

3 Bilde zusammengesetzte Nomen mit dem Bestimmungswort **Liebling**.
Kreise den eingefügten Buchstaben ein.

Lieblingshose,

UNTER DER LUPE

1 Begründe die Großschreibung.

Eichhörnchen haben einen buschigen Schwanz.

Schwanz schreibe ich groß, weil ☐ davor ein Schiebewort passt.
☐ es am Ende des Satzes steht.

Erst in der Dunkelheit leuchten die grünen Katzenaugen.

Dunkelheit schreibe ich groß, weil ☐ das Wort drei Silben hat.
☐ Wörter mit dem Wortbaustein **-heit** Nomen sind.

2 Wende die Busprobe an: Schreibe einen anderen Satz auf.
Kreise die Satzglieder ein.

Viele Menschen fahren mit ihren Tieren in den Urlaub.

3 Ergänze passende Satzschlusszeichen und
die Redezeichen der wörtlichen Rede: Doppelpunkt und Anführungszeichen.

Welche Eigenschaften und Bedürfnisse haben Tiere ☐
Lulu fragt ☐ ☐ Was fressen Rennmäuse ☐ ☐

4 Schreibe den Satz richtig auf. RENNMÄUSE RENNEN GERN IM RENNRAD.

Kapitel 4

haben – wünschen – brauchen

1 Lies. Worüber diskutieren die Kinder? Kreuze an.

- ☐ über das Wetter
- ☐ über ein neues Türschloss
- ☐ über die Hausaufgaben

2 Wer ist für und wer ist gegen das neue Türschloss? Kreuze an.

	Lulu	Umut	Elsa	Paul
dafür	☐	☐	☐	☐
dagegen	☐	☐	☐	☐

3 Was tust du, wenn du dich nicht entscheiden kannst?
Kreuze an oder schreibe selbst.

- ☐ Ich diskutiere mit einem Freund oder einer Freundin.
- ☐ Ich informiere mich.
- ☐ Ich mache eine Pro- und Kontra-Liste.
- ☐ ____________________

Wörter üben

1 Setze Silbenbögen. Schreibe die Wörter ab. Markiere deine Lupenstellen.

entscheiden besser dürfen Argument wissen frei

2 Markiere den ersten Buchstaben. Ordne die Wörter nach dem ABC.
Schreibe und markiere deine Lupenstellen.

Tablet sprechen
Handy
Medien ~~Ergänzung~~

Idee beginnen
entgegnen
wählen Meinung

Ergänzung

3 Schreibe die Wörter richtig auf. Markiere deine Lupenstellen.

bitten
Ziel
erklären

das Nomen mit **ie**: ______

das Verb mit **tt**: ______

das Verb **ä**: ______

Argumentieren: Pro- und Kontra-Listen anlegen

1 Lies die Karten. Wer ist für und wer ist gegen einen Hund? Verbinde.

Contra (gegen)	Das ist der Nachteil von einem Hund.

Pro (für)	Das ist der Vorteil von einem Hund.

Lulu sagt:
Man ist öfter an der frischen Luft, weil man mit einem Hund immer spazieren gehen muss.

Paul sagt:
Aber mit einem Hund muss man auch dann nach draußen, wenn das Wetter schlecht ist.

2 Stimmst du eher Lulus oder eher Pauls Position zu? Schreibe.

Ich stimme eher ______________ Position zu.

3 Welche Argumente helfen dir noch, deine Meinung zu begründen? Kreuze an.

- [ ] Ein Hund kann ein guter Beschützer sein.
- [ ] Die Pflege und das Futter eines Hundes kosten Geld.
- [ ] Ein Hund kann mich trösten, wenn ich traurig bin.
- [ ] Für die Erziehung eines Hundes benötigt man viel Zeit und Geduld.
- [ ] Einen Hund kann man nicht überall mit in den Urlaub nehmen.
- [ ] Man kann immer mit einem Hund spielen, wenn die Freunde keine Zeit haben.
- [ ] Andere Hunde könnten den Hund angreifen, sodass man selbst in Gefahr geraten könnte.

Verben kennen: Personalformen bilden

1 Welche Formen gehören zusammen? Male sie in derselben Farbe an.

Grundform
träumen
suchen
hören

Personalformen		
ich suche	wir träumen	er hört
du träumst	sie hören	sie sucht
sie hört	wir suchen	ihr träumt

2 Schreibe 3 Verben in allen Personalformen auf.

Grundform: suchen	Grundform: singen	Grundform: wünschen
ich suche	ich	ich
du	du singst	du
er/sie/es sucht	er/sie/es	er/sie/es
wir	wir	wir wünschen
ihr sucht	ihr	ihr
sie	sie singen	sie

3 Schreibe die Verben in der richtigen Personalform.

Wenn Lulu fröhlich ist, __________________ (hören) sie den ganzen Tag ihre Lieblingsmusik.

Manchmal __________________ (tanzen) sie auch zu ihrer Musik.

Du __________________ (verlieren) oft deine Hausschlüssel und __________________ (suchen) ihn danach überall.

› Funktion von Verben kennen
› Verben verwenden
› grundlegende sprachliche Begriffe kennen: Personalform

› Sprachbuch, Seite 64

Unregelmäßige Verben kennenlernen

1 Welche Personalformen passen zu den 3 Grundformen? Male sie in derselben Farbe an.

helfen	du hilfst	ihr lauft	du isst	ich esse
essen	sie läuft	ihr esst	ihr helft	du läufst
laufen	er isst	sie hilft	ich helfe	wir laufen

Manche Verben **verändern** in der Personalform auch den **Wortstamm**. Diese Verben nennt man **unregelmäßige Verben**:

nehmen: ich nehme, du nimmst, er/sie/es nimmt, wir nehmen, ihr nehmt, sie nehmen.

2 Schreibe die Verben geordnet auf. Kreise im Wortstamm die Buchstaben ein, die sich verändern.

helfen: du hilfst, ihr helft, sie hilft, ich helfe

essen:

laufen:

3 Schreibe die richtigen Personalformen von **haben** und **sein**.

hast ~~habe~~ hat haben habt haben

~~bin~~ ist sind bist sind seid

Grundform: haben
ich habe
du
er/sie/es
wir
ihr
sie

Grundform: sein
ich bin
du
er/sie/es
wir
ihr
sie

Präsens und Präteritum kennenlernen

1 Welche Zeitformen gehören zusammen? Verbinde.

wir telefonieren ○	○ wir fütterten
wir füttern ○	○ wir telefonierten
wir befragen ○	○ wir suchten
wir sagen ○	○ wir fanden
wir suchen ○	○ wir befragten
wir finden ○	○ wir sagten

Wenn man darüber schreibt, dass etwas gerade in der **Gegenwart** passiert, kann man **Präsens** verwenden.

Wenn man darüber schreibt, dass etwas in der **Vergangenheit** passierte, kann man **Präteritum** verwenden.

2 Was machen die Kinder? Setze die Verben im Präsens ein.

telefonieren   füttern   befragen   ~~suchen~~

Wir suchen eine entlaufene Katze.

Wir ____________ die Besitzerin.

Wir ____________ mit den Nachbarn der Besitzerin.

Wir ____________ die Katze mit ihrem Futter.

3 Schreibe den Eintrag für das Detektivtagebuch im Präteritum auf. Unterstreiche die Verben im Präteritum.

Wir suchten eine entlaufene Katze.

____

____

____

____

› Funktion von Zeitformen kennen
› Verben verwenden
› grundlegende sprachliche Begriffe kennen: Präsens, Präteritum

› Sprachbuch, Seite 66

Präteritum verwenden

1 Schreibe die Personalformen des Verbes **wohnen** im Präteritum auf. Kreise die Endungen ein.

~~wohnte~~ wohntest
wohnte wohnten
wohntest wohnten

Auch im **Präteritum** haben die **Personalformen** verschiedene Endungen:

ich machte,
du machtest,
er/sie/es machte,
wir machten,
ihr machtet,
sie machten.

Person	Präsens	Präteritum
ich	wohne	wohnte
du	wohnst	
er/sie/es	wohnt	
wir	wohnen	
ihr	wohnt	
sie	wohnen	

2 Verwende die Verbformen im Präteritum. Kreise die Endungen ein.

Tausche die roten Endungen aus.

Die Detektive sammelten viele Hinweise
(sammeln)

und ______________ sie in ein Notizbuch.
(ergänzen)

Die Polizei ______________ den Detektiven ein Angebot.
(machen)

Die Detektive ______________ die Polizisten bei ihrer Arbeit
(unterstützen)

und ______________ dabei viel für ihre Detektivarbeit.
(lernen)

Unregelmäßige Verben im Präteritum kennen

Passt das wirklich zusammen: halten – er hielt?

Ja, das passt. **Halten** ist ein **unregelmäßiges Verb.** Der **Wortstamm** der **Grundform** ändert sich im **Präteritum.**

1 Verbinde die passenden Verbformen.

halten	sie las
schlafen	er schlief
lesen	er hielt

sehen	er grub
graben	sie sah
fahren	sie fuhr

fangen	sie schlug
schlagen	er ließ
lassen	er fing

2 Schreibe 5 Verbpaare auf.
Schreibe erst das Präteritum, dann die Grundform auf.

er hielt – halten

3 Schreibe zu den Verben die passende Grundform.

~~greifen~~ treten fallen

vergessen nehmen haben

er griff – greifen

sie fiel –

er trat –

sie nahm –

er hatte –

sie vergaß –

Unregelmäßige Verben im Präteritum anwenden

1 Schreibe die Personalformen des Verbes **fahren** im Präteritum auf.

~~fuhr~~	fuhr	fuhrst	fuhrt	fuhren	fuhren

ich fuhr ______ du ______ er/sie/es ______

wir ______ ihr ______ sie ______

2 Entscheide, ob Präsens oder Präteritum.
Male die Verben im Präsens blau und die Verben im Präteritum rot an.

entkamen	haben	ist	war	entkommen	verlieren
finden	nehmen	hatten		übersahen	bekamen
fanden	übersehen	verloren		bekommen	nahmen

3 Setze die passende Personalform im Präteritum ein.

Die verdächtigen Personen ______ (entkommen) den Detektiven häufig.

Doch dann ______ (bekommen) sie eine neue Ausrüstung.

Ihre alten Fahrräder ______ (haben) oft platte Reifen und die Spurensicherung ______ (ist) nicht zuverlässig.

Immer wieder ______ (übersehen) sie wichtige Spuren.

Oft ______ (verlieren) sie verdächtige Personen bei einer Verfolgungsjagd oder sie ______ (finden) keine Beweise am Tatort.

Oft ______ (nehmen) Uno und Murmel jedoch auch die Spur auf.

› Funktion von Zeitformen kennen und anwenden
› Bei unregelmäßigen Verben Präsens und Präteritum erkennen und unterscheiden

› Sprachbuch, Seite 69

Verben verlängern

1 Entscheide: **b/p** oder **g/k**? Kreise den richtigen Buchstaben in der Personalform und in der Grundform ein. Schreibe.

er lo p/b t – loben → also er lobt

sie trei p/b t – treiben → also ______

er gi p/b t – geben → also ______

sie sie g/k t – siegen → also ______

er schen g/k t – schenken → also ______

Was ist nun richtig?

Wenn du die **Grundform** bildest, kannst du es hören: In **loben** hören wir ein b.
Also ist lobt richtig.

2 Entscheide: **b/p** oder **g/k**? Bilde die Grundform und sprich sie. Kreise die richtigen Buchstaben ein. Schreibe.

sie le p/b t	→ leben	also sie lebt
er hu p/b t	→ ______	also ______
sie kle p/b t	→ ______	also ______
er le g/k t	→ ______	also ______
sie den g/k t	→ ______	also ______

3 Bilde die Grundform und sprich sie. Setze die passenden Buchstaben ein.

Umut liebt Musik.
Im Musikunterricht sin__t
er besonders schön.
Umut zei__t viel Interesse.

Lulu betrei__t Judo. Ihr Trainer
lo__t sie viel. Sie gi__t sich
immer sehr viel Mühe.
Lulu le__t Wert auf Fairness.

› Rechtschreibstrategien verwenden: Verlängern
› Wörter mit Auslautverhärtung richtig schreiben
› Sprachbuch, Seite 70

Nomen zerlegen und verlängern

1 Lies und sprich die Wörter deutlich. Achte auf die markierten Buchstaben. Finde die passenden Verben zu den Nomen. Verbinde.

Schraubdeckel	Bindfaden	Schlagsahne
binden	schlagen	schrauben

In diesem Wort kann ich es nicht hören.

Zerlege das Wort. Verlängere den ersten Teil: **Raub – rauben.** Jetzt kannst du es hören. Also schreibst du Raubtier mit **b**.

2 Setze den fehlenden Buchstaben ein und schreibe das Nomen richtig. Kreise die Buchstaben ein, die du in der verlängerten Form hören kannst.

die Schu b karre → schieben → also die Schubkarre

der Scha___stoff → schaden → also ______

die Rei___schule → reiten → also ______

die Trin___flasche → trinken → also ______

der Sau___roboter → saugen → also ______

3 Finde die verlängerte Form und schreibe sie richtig auf. Schreibe die fehlenden Buchstaben und die Nomen. Kreise die Buchstaben ein, die du in der verlängerten Form hören kannst.

~~tanken~~ flechten fangen rauben schreiben springen

die Tan k stelle → tanken → also die Tankstelle

das Fan ☐ netz → ______ → also ______

das Sprin ☐ seil → ______ → also ______

die Flech ☐ frisur → ______ → also ______

der Rau ☐ fisch → ______ → also ______

der Schrei ☐ tisch → ______ → also ______

Nomen zerlegen und verlängern

1 Ordne die verlängerten Wörter zu. Schreibe die fehlenden Buchstaben und die Nomen. Kreise die Buchstaben ein, die du in der verlängerten Form hören kannst.

~~die Winde~~	die Wände	die Hemden
die Flüge	die Nächte	die Wege

der Wind hauch → die Winde → also der Windhauch

der Hem___knopf → die ______ → also ______

der We___weiser → die ______ → also ______

das Nach___hemd → die ______ → also ______

die Wan___farbe → die ______ → also ______

das Flu___zeug → die ______ → also ______

2 Ordne die verwandten Wörter zu. Schreibe die fehlenden Buchstaben und die Nomen. Kreise die Buchstaben ein, die du in der verlängerten Form hören kannst.

~~fremde~~	starke	weite	laute	wilde

die Fremd d sprache → fremde → also die Fremdsprache

der Wei ☐ sprung → ______ → also ______

der Star ☐ strom → ______ → also ______

der Lau ☐ sprecher → ______ → also ______

das Wil ☐ pferd → ______ → also ______

3 Zerlege die Nomen und verlängere sie im Kopf. Schreibe die fehlenden Buchstaben.

der Kor___sessel   der Hal___mond   der San___kasten   das Jun___tier

› Rechtschreibstrategien verwenden: Verlängern
› Wörter mit Auslautverhärtung richtig schreiben

› Sprachbuch, Seite 72

Wörter verlängern

1 Verlängere die Nomen und setze die fehlenden Buchstaben ein.

Nomen + Nomen	→ Mehrzahl
der Ba_d_spiegel	die Bäder + der Spiegel
der Bil__band	die
die Wan__farbe	die
die Ber__bahn	die

2 Verlängere die Verben und setze die fehlenden Buchstaben ein.

Verb + Nomen	→ Grundform
die Schla_g_sahne	schlagen + die Sahne
der Sau__napf	
die Trin__flasche	
der Stei__bügel	

3 Verlängere die Adjektive und setze die fehlenden Buchstaben ein.

Adjektiv + Nomen	→ Verlängerung
das Kal_t_getränk	kalte + das Getränk
das Wil__schwein	
der Wei__sprung	
der Run__gang	

Pro- und Kontra-Listen überarbeiten

Sollte es in der Schule nur noch Tablet-Klassen geben?

1 Lies die Listen der Detektive. Streiche die Argumente durch, die dich nicht überzeugen.

Kontra: Tablet-Klassen

2 Bist du eher **für** oder **gegen** Tablets in der Schule? Kreuze die Argumente an, die deiner Meinung entsprechen. Schreibe eigene Argumente auf.

- ☐ langes Arbeiten am Bildschirm ist anstrengend für die Augen
- ☐ das Lernen mit Tablets macht Spaß
- ☐ ein Tablet ist viel leichter als die schweren Bücher
- ☐ gute Lernprogramme sind teuer

› funktionsangemessen schreiben: Argumente
› funktionsangemessen sprechen: argumentieren

› Sprachbuch, Seite 74

UNTER DER LUPE

Achtung, finde die Fehler!

1 Kreise die Fehler ein und schreibe die Wörter richtig darunter.

Mein Freunt überreichte mir zum Geburtstag ein tolles Gescheng.

Freund

Es war ein Mergspiel. Es war sehr lustik.

2 Die rot unterstrichenen Verben stehen in der **falschen Personalform** oder in der **falschen Zeitform**. Schreibe richtig.

Achtung, finde die Fehler!

Vor zwei Wochen habe ich Geburtstag.

Ich bekamen ein tolles Spiel.

Meine Mannschaft verloren das Spiel.

3 Schreibe das Verb **gewinnen** in allen Personalformen im Präteritum auf.

ich gewann, du ________________, er/sie/es ________________

wir ________________, ihr ________________, sie ________________

UNTER DER LUPE

1 Lies den Text.
Kreise die 4 Verben ein.

Nach der Feier sieht Mama auf dem Sofa einen gelben Fleck.
Der Fleck klebt, denn es ist Waldhonig.
Mama entfernt ihn mit etwas Wasser und einem Schwamm.

2 Schreibe die Sätze im Präteritum auf.

Nach der Feier sah

3 Finde für die Lupenstellen die passende Strategie.
Zu jeder Strategie passen 2 Wörter.

gelben		Sofa
klebt		einem
Wasser		Waldhonig
Fleck		Schwamm

Achte auf die markierten Lupenstellen.

Kapitel 5

lesen – hören – sehen

1 Betrachte das Bild genau. Stell dir vor, du bist an diesem Ort.
Wovor gruselst du dich hier? Kreuze an.

☐ vor der Dunkelheit
☐ vor einem Sonnenbrand
☐ vor den gelben Augen
☐ vor einem Ungeheuer
☐ vor einem neuen Türschloss
☐ vor Spinnen
☐ vor der Einsamkeit
☐ vor einer Geburtstagfeier

2 Was würde das Bild für dich noch gruseliger machen? Kreuze an.

☐ wenn die Sonne scheint
☐ wenn Spinnen zu sehen wären
☐ wenn das Baum-Monster spitze Zähne hätte
☐ wenn das Baum-Monster brüllt
☐ wenn die Augen rot wären
☐ wenn das Baum-Monster einen Schnuller hätte

3 Male einen gruseligen Ort.
Sammle 4 Gruselwörter.

Wörter üben

1 Ordne die Adjektive und schreibe auf.

~~dreckig~~ schrecklich unheimlich nebelig
friedlich schaurig hässlich eklig

Adjektive mit **-ig**	Adjektive mit **-lich**
dreckig,	

2 Schreibe die Nomen mit Artikel. Markiere deine Lupenstellen.

das Gewitter ~~die Burg~~ die Gänsehaut
das Monster das Herzklopfen die Mitternacht

die Burg

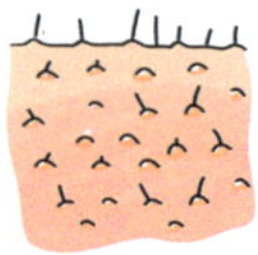

Eine Gruselgeschichte planen

1 Schau dir das Bild genau an.
Stelle dir vor, du bist an diesem Ort.

2 Deine Gruselgeschichte soll an diesem Ort beginnen. Plane und überlege:
Warum ist dieser Keller gruselig? Welches Gefühl hast du auf der Treppe?
Ergänze deine Ideenkarte.

Gruselgeschichte

Keller	Gefühl
Licht kaputt	neugierig
Spinnen	zögerlich
etwas fällt um	mutig

3 Ergänze den Anfang deiner Geschichte mit passenden Wörtern
aus der Ideenkarte.

Ich gehe nicht gern in Omas Keller, weil es da ______________________ und ______________________ ist.

Letztes Wochenende sollte ich Marmelade aus dem Keller holen. Ich ging ______________________ die Treppe hinunter. Hier war es ______________________.

Plötzlich hörte ich ein ______________________ Geräusch.

Ich näherte mich dem Geräusch ______________________.

Eine Gruselgeschichte schreiben

1 Welche Personen kommen in deiner Geschichte vor und was passiert? Überlege und ergänze deine Ideenkarte.

Gruselgeschichte

Ort: Keller

Gefühl

Personen
- ich
- Katze
- Opa
- _____
- _____

Was passiert?
- eingesperrt
- verlaufen
- umfallen
- _____
- _____

2 Ergänze den Fortgang deiner Geschichte. Schreibe.

Du kannst auch eigene Wörter einsetzen.

Plötzlich öffnete sich quietschend eine alte Kellertür.

Ein Kopf mit grauen _____ (Haaren/Augen/Ohren) schob sich hervor. Ich erschrak fürchterlich. Ich ging _____ (ängstlich/zögerlich/langsam) ein paar Schritte rückwärts. Ob das _____ (Opa/ein Geist/die Katze) war? Es ist so _____ (dunkel/unheimlich/kalt) hier unten!

Ich rannte, so schnell ich konnte, die Treppe wieder hinauf. Auf meiner Flucht stolperte ich auch noch über _____ (meine eigenen Füße/die Katze/einen Mülleimer).

Oben angekommen rannte ich zu _____ (Oma/Mama/Papa) und erzählte alles. _____ (Er/Sie) lachte und sagte: „Das war doch bestimmt _____ (unser Hausgeist/ Opa/Mama/die Katze).

_____ (Er/Sie) war im Keller, weil _____

_____

_____

_____

› sprachliche Mittel und Ideen sammeln
› nach Anregungen eigene Texte schreiben: Gruselgeschichte

› Sprachbuch, Seite 81

Adjektive kennen

1 Setze die Adjektive vor die Nomen. Schreibe.

Das Sofa ist bequem. → das bequeme Sofa

Der Wald ist grün. → ______

Das Pferd ist wild. → ______

Der Turm ist schief. → ______

2 Verbinde die Gegensätze.

Adjektive brauchen eine passende Endung, wenn sie **vor** einem **Nomen** stehen: die tolle Hose.

leer	trocken
feucht	gesund
krank	voll

süß — sauer

3 Vergleiche und setze ein.
Schreibe einen eigenen Vergleich.

Lulu	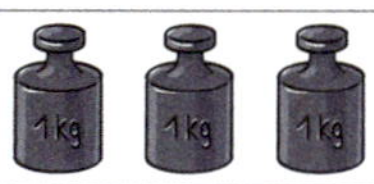	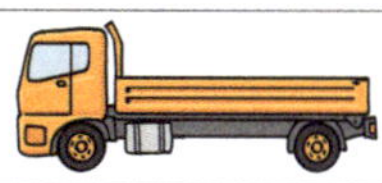
Paul		
Umut		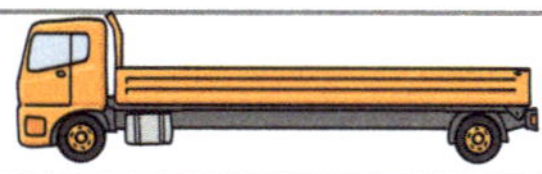

schwerer als
leichter als
länger als
kürzer als

Lulus Gewichte sind schwerer als ______ Umuts Gewichte.

Pauls Gewicht ist ______ Umuts Gewichte.

Umuts LKW ist ______ als Luļus LKW.

Pauls LKW ist ______ als Umuts LKW.

______

______

Mit Adjektiven vergleichen

1 Vergleiche und schreibe die passenden Adjektive.

voll voller am vollsten

Umuts Teller ist ______________________.

Pauls Teller ist ______________________.

Elsas Teller ist ______________________.

2 Ordne die Adjektive ein. Kreise ein, was sich verändert.

schöner am deutlichsten weit
deutlicher weiter am schönsten

Die 2. Vergleichsform kann unterschiedlich gebildet werden: am liebsten oder am wildesten.

Grundform	1. Vergleichsform	2. Vergleichsform
nett	netter	am nettesten
deutlich		
		am weitesten
schön		

3 Betrachte die Bilder. Beschreibe, was gleich ist.

Murmels Napf ist genauso voll wie Unos Napf.

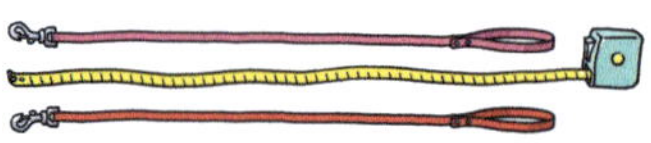

Murmels Knochen ist genauso schwer wie ______________________.

Murmels Leine ist ______________________.

Murmels Körbchen ist ______________________.

› Merkmale von Adjektiven kennen
› grundlegende sprachliche Begriffe kennen: Vergleichsformen

› Sprachbuch, Seite 83

Adjektive mit -ig und -lich kennen

1 Wie sieht Elsas Gepäck aus? Schreibe auf. Kreise die Endung **-ig**, **-lich** ein.

~~eckig~~	wichtig	empfindlich	günstig	vollständig	witzig

Koffer eckig

Schal ______

Uhr ______

Puzzle ______

Buch ______

Ausweis ______

2 Finde das Gegenteil. Schreibe.

fröhlich	hässlich	ängstlich	dreckig

sauber – ______ mutig – ______

traurig – ______ schön – ______

3 Schreibe das Adjektiv mit der passenden Endung. Kreise die Endungen **-e** und **-en** ein.

durstig – das durstige Kind

künstlich – die ______ Haare

giftig – das ______ Kraut

jährlich – das ______ Fest

schmutzig – die ______ Kinder

Merkwörter mit ai üben

1 Schreibe das passende Nomen mit dem bestimmten Artikel in 2 verschiedenen Farben. Kreise (ai) ein.

der Mais · der Hai · der Container · der Mai · der Trainer · die Medaille · der Laib · ~~der Maikäfer~~

der Maikäfer | der Maikäfer

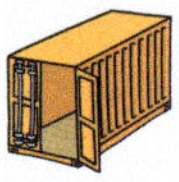

2 Ergänze das Gedicht mit passenden Wörtern.

Der  ____________ schreibt dem  ____________ im Mai:

„Gib acht, im  ____________ lauert ein gefährlicher  ______!

Mit  ________ und einem  ________ Brot kannst du ihn beglücken.

Zum Dank wird er eine  ____________ rausrücken."

› rechtschreibwichtige Wörter normgerecht schreiben
› Rechtschreibstrategien verwenden: Merken, Einprägen
› besondere Buchstabenfolgen kennen: ai

› Sprachbuch, Seite 86

Merkwörter mit chs üben

1 Schreibe das passende Nomen mit dem bestimmten Artikel in 2 verschiedenen Farben. Kreise **chs** ein.

der Ochse der Fuchs der Dachs der Lachs
der Luchs die Eidechse die Achseln

 der Dachs der Dachs

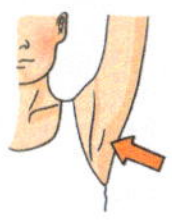

2 Setze die passenden Wörter ein.

Nachwuchs wachsen Achseln sechs Wachs Gewächs

Unsere Katze bekommt __________.

Ich bin kitzelig unter meinen ________.

In unserem Garten _______ große Blumen.

Eine Ameise hat _____ Beine.

Eine Kerze besteht aus _____.

Efeu ist ein _______, das klettert.

› rechtschreibwichtige Wörter normgerecht schreiben
› Rechtschreibstrategien verwenden: Merken, Einprägen
› besondere Buchstabenfolgen kennen: chs

› Sprachbuch, Seite 87

Merkwörter mit langem i üben

1 Löse das Kreuzworträtsel.

das Nilpferd	der Igel	die Gitarre	der Biber
der Kamin	der Tiger	das Kaninchen	

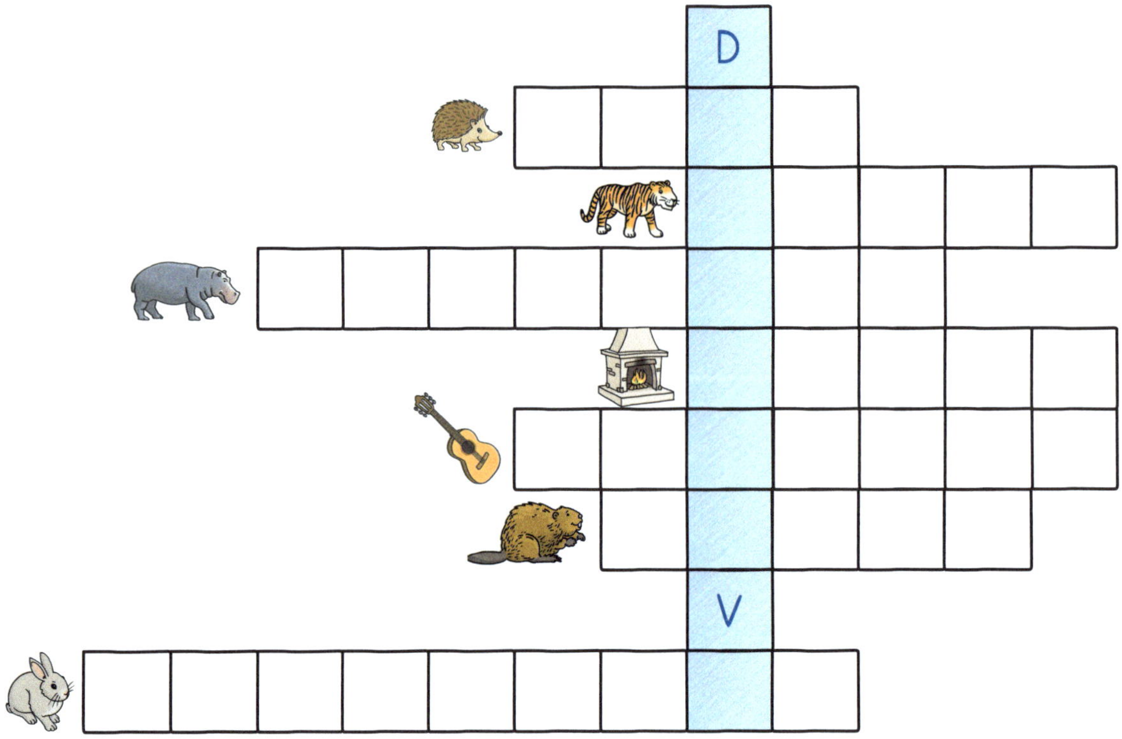

Trage das Lösungswort ein:

D		T						

2 Ordne die Nomen mit **-ine** nach dem ABC. Schreibe 1 bis 3.
Schreibe die Nomen geordnet auf.

◯ Maschine	◯ Praline
1 Apfelsine	◯ Rosine
◯ Gardine	◯ Mandarine

In manchen Wörtern schreibt man das **lange i** nicht mit **ie**, sondern nur mit **i** wie bei **Rosine**.

› rechtschreibwichtige Wörter normgerecht schreiben
› Rechtschreibstrategien verwenden: Merken, Einprägen
› besondere Buchstabenfolgen kennen: unmarkiertes, langes i

› Sprachbuch, Seite 88, 89

1 Verbinde.

der Toast | das Camping | das Internet | das Restaurant

der Pullover | die Jeans | der Comic | der Teddy

2 Schreibe die Nomen geordnet auf.

die Jeans ~~der Teddy~~ der Pullover das T-Shirt das Handy die Apotheke

der	die	das
der Teddy		

3 Löse das Rätsel.

Chips Spaghetti Croissant Toast Pizza

lange, dünne Nudeln | S | p | a | | | | | | |

französisches Hörnchen | | | | | | | | | |

frittierte Kartoffelscheiben | | | | | |

geröstetes Brot | | | | | |

italienisches Gericht | | | | | |

Eine Gruselgeschichte überarbeiten

1 Überarbeite Emmas Geschichte. Entscheide dich und kreuze an.

Ich hörte ein Geräusch aus dem Keller.
Ich ging in den Keller.

Beschreibe das Geräusch.
Wie sieht es im Keller aus?

1 Ich hörte ein ☐ lautes ☐ leises ☐ unheimliches Geräusch aus dem Keller.

2 Ich ging in den ☐ dunklen ☐ kalten ☐ tiefen Keller.

3 ☐ Etwas ☐ Meine Katze strich um meine Beine.

4 ☐ Das kitzelte. ☐ Ich erschrak sehr. ☐ Damit hatte ich nicht gerechnet.

5 Es war sehr dunkel ☐ und ich konnte nichts sehen ☐ und es roch eklig.

6 Mit dem Fuß stieß ich gegen einen Eimer, ☐ der laut polternd umfiel ☐ der stehen blieb ☐ der zur Seite rollte.

7 ☐ Hatte der das Geräusch verursacht, aber wer hatte ihn umgestoßen?
☐ Hatte ein Geist den Eimer versehentlich umgestoßen?

8 Ich hob den Eimer ☐ mit zitternden Händen ☐ mit spitzen Fingern auf.

9 ☐ Was war in unserem Keller los? ☐ Ich sollte so schnell wie möglich verschwinden.

2 Überlege dir passende Wörter. Schreibe die Geschichte zu Ende.

Da ______________________ ich die Treppe hoch und mit jedem Schritt

fühlte ich mich ______________________.

Ich legte mich ins Bett und ______________________________________

____.

Hatte ich alles nur geträumt?

› Text an der Schreibaufgabe überprüfen
› Texte sprachlich optimieren

› Sprachbuch, Seite 93

UNTER DER LUPE

Achtung, finde die Fehler!

1 Kreise die Fehler ein und schreibe die Wörter richtig darunter.

Ein toller Kampingurlaub

Campingurlaub

Lulu, Paul und Umut aßen jeden Tag Schips und Schpaghetti.

Ihre Pullower waren dreckig und mussten in die Waschmaschiene.

Im Tierpark sahen sie einen Lux, der niedlichen Nachwuks hatte.

Nächstes Jahr im Mei wollen sie wiederkommen.

2 Ergänze die Tabelle. Schreibe.

Grundstufe	1. Vergleichsstufe	2. Vergleichsstufe
	dicker	
hoch		
		am schnellsten

1 Schreibe die passenden Adjektive mit **-ig** oder **-lich**.

der Witz – das __witzige__ Spiel

das Abenteuer – der ______________________ Urlaub

der Dreck – das ______________________ T-Shirt

das Glück – der ______________________ Vater

die Angst – der ______________________ Trainer

der Schmutz – die ______________________ Schuhe

2 Schreibe Schiebewörter in diesen Quatschsätzen.

Wechseln __dicke__ Lachse bei ____________ Regen die Straßenseite?

Kippen ____________ Affen den ____________ Schmutz einfach in die ____________ Ecken?

Kriecht die ____________ Schnecke in ihr ____________ Schloss?

3 Schreibe die Personalformen in Präsens und Präteritum auf.

Person	Präsens	Präteritum
ich	kippe	kippte
du		
es		

Person	Präsens	Präteritum
ich	krieche	kroch
du		
sie		

4 Schreibe je einen Satz mit einem Verb im Präsens und im Präteritum.

Präsens: ____

Präteritum: ____

Kapitel 6

träumen – fragen – wissen

1 Für wen oder was hast du dich schon einmal eingesetzt? Kreuze an oder schreibe selbst.

- ☐ für einen Freund oder eine Freundin
- ☐ für jemanden aus meiner Familie
- ☐ für die Umwelt
- ☐ für ein friedliches Miteinander
- ☐ ______________________________

2 Was würdest du gern zu Hause, in der Schule oder in deiner Umgebung ändern? Schreibe auf.

Ich werde ...

Ich würde...

Ich möchte, dass...

Ich möchte ______________________________

____

3 Wie teilst du deine Meinung mit? Was findest du sinnvoll? Kreuze an.

- ☐ Ich schreibe der Person einen Brief.
- ☐ Ich schreibe der Person eine E-Mail.
- ☐ Ich behalte meine Meinung für mich.
- ☐ Ich gehe zu der Person und spreche mit ihr.
- ☐ Ich rufe die Person an.
- ☐ Ich brülle meine Meinung laut.

Wörter üben

Die **Nomen** erkennst du daran, dass sie einen **Artikel** haben.

1 Kreise die Nomen mit Artikel blau und die Verben grün ein. Schreibe geordnet auf. Markiere deine Lupenstellen.

sammeln	die Chance	führen	entwickeln	die Stadt
sich ärgern	die Zukunft	erwarten	die Zeitung	schützen

Nomen mit Artikel: die Chance, ______________________

Verben: sammeln, ______________________

2 Ordne nach dem ABC. Schreibe. Markiere deine Lupenstellen.

~~ehrlich~~	fair	wichtig
informieren	hoffentlich	

niemand	fühlen	klug
vielleicht	eigentlich	

ehrlich

____

3 Schreibe die Wörter richtig auf.

fair
die Stadt
die Chance

das Nomen mit **Ch** am Anfang: ______________________

das Nomen mit **dt** am Ende: ______________________

das Adjektiv mit **ai**: ______________________

› Wortschatz erweitern und selbstständig üben
› Alphabet als Ordnungssystem nutzen
› mit Sprache experimentell und spielerisch umgehen

› Sprachbuch, Seite 98

Argumente formulieren, einen höflichen Brief schreiben

1 Paul und Lulu haben Argumente für einen Kinder-Flohmarkt aufgeschrieben. Lies die Liste aufmerksam.

- man kann alte Spielsachen oder Kleidung verkaufen
- es macht Spaß, wenn alle etwas gemeinsam machen
- man kann das Geld für die Klassenkasse spenden

2 Schreibe den Brief an die Schulleitung. Verwende dafür die Argumente.

Sehr geehrte Frau Müller,

wir Kinder möchten gerne in unserer Schule einen Flohmarkt durchführen. Viele von uns haben Spielzeug, mit dem wir nicht mehr spielen. Auf dem Flohmarkt können wir ______________________________.

Zudem sammelt sich viel Kleidung an, die nicht mehr passt.
Diese Kleidung können wir ______________________________.
Außerdem macht es großen Spaß, wenn ______________________________. Das eingenommene Geld wollen wir ______________________________.
Es wäre schön, wenn Sie unsere Idee unterstützen.
Mit freundlichen Grüßen

____

Unterschrift

Wortstamm und Wortbausteine kennen

1 Kreise die Wortstämme Hell/hell rot, Seh/seh/sieh blau und Schlag/schlag/schläg grün ein.

Helligkeit   Tennisschläger   Fernseher

aufschlagen   siehst   erhellen   wegsehen

heller   Schlagzeug   sehen

2 Ordne die Wörter nach dem Wortstamm und schreibe.

~~aufhellen~~   wiedersehen   Schlagloch   heller   siehst

schlägst   taghell   Sehtest   vorschlagen

Hell/hell	Seh/seh/sieh	Schlag/schlag/schläg
aufhellen		

3 Schreibe Sätze mit den Verben.

nachzählen → zählt ... nach
abzählen → zählt ... ab
aufzählen → zählt ... auf

Lulu zählt ihr Taschengeld nach.

Paul ______________ seine Bonbons _______.

Umut ______________ die Namen seiner Freunde _______.

› Wörter strukturieren
› sprachliche Begriffe kennen: Wortstamm, Wortfamilie

› Sprachbuch, Seite 100, 101

Nachgestellte Wortbausteine verwenden

1 Lies und kreise die Endungen **-heit**, **-ung** und **-keit** ein.

wahr

aufmerksam

bewegen

die Wahrheit

die Aufmerksamkeit

die Bewegung

die Langsamkeit

die Beobachtung

die Besonderheit

2 Male die Nomen und die passenden Adjektive oder Verben in derselben Farbe an.
Schreibe die Wortpaare geordnet auf.

die Aufmerksamkeit | bewegen | die Wahrheit

wahr | die Bewegung | aufmerksam

die Wahrheit – wahr

3 Male die Nomen und die passenden Verben mit **-ieren** in derselben Farbe an.
Schreibe die Wortpaare geordnet auf.

der Lack | buchstabieren | lackieren | die Kasse

probieren | kassieren | die Probe | der Buchstabe

Lack – lackieren

Nachgestellte Wortbausteine -ig, -lich verwenden

1 Verbinde die Nomen mit dem passenden Adjektiv.
Kreise die Endungen **-ig** und **-lich** ein.

der Wind	der Sport	der Ärger	die Sonne	das Fest
sport**lich**	ärger**lich**	wind**ig**	fest**lich**	sonn**ig**

Mit den **nachgestellten Wortbausteinen** -ig und -lich werden Nomen zu Adjektiven. Man schreibt sie klein:
sonnig,
freundlich, ...

2 Ordne jedem Nomen ein Adjektiv mit **-ig** oder **-lich** zu.
Schreibe.

~~witzig~~	freundlich	dreckig	langweilig
glücklich	mutig	wörtlich	königlich

der Witz – witzig
der Mut – ______
das Glück – ______
der Freund – ______
das Wort – ______
der Dreck – ______
die Langeweile – ______
der König – ______

3 Schreibe zu jedem Adjektiv das passende Nomen auf.

klebrig – der Kleber
steinig – der ______
durstig – der ______
sportlich – der ______
abenteuerlich – das ______
eckig – die ______

4 Suche dir Adjektive aus und schreibe mit ihnen Sätze.

______

______

Wortfamilien bilden

1 Kreise den Wortstamm **Freund/freund** ein.

Freunde anfreunden unfreundlich Brieffreundin
Freundschaft Freundlichkeit befreundet umweltfreundlich

2 Schreibe Verben mit dem Wortstamm **bau**.
Kreise den Wortstamm ein.

bau-

~~ab-~~ abbauen
um- ______
-en ______
an- ______
auf- ______

3 Schreibe Nomen mit dem Wortstamm **Bau**. Kreise den Wortstamm ein.

Bau-		Bau-	
-fahrzeug	______	Bauwerk	~~-werk~~
-kasten	______	______	-stelle
-arbeiter	______	______	-kran
-gerüst	______	______	-plan

3 Schreibe mit den Wörtern der Wortfamilie **Bau/bau** eigene Sätze.

______

______

______

Den Wortstamm kennen und nutzen

1 Ordne jedem Wortstamm 2 passende Wörter zu. Schreibe sie auf.
Kreise den Wortstamm ein.

~~befühlen~~	Befehl	Wecker	Stecker
fehlen	Ansteckung	wohlfühlen	Radiowecker

Fühl/fühl befühlen

Fehl/fehl ____________________

Steck/steck ____________________

Weck/weck ____________________

2 Lies die Wörter in jedem Kasten. Achte auf den Wortstamm.
Streiche das Wort durch, das nicht zur Wortfamilie gehört.

Gefühl	fehlt	Steckdose	Weg
fühlen	fällen	versteckt	weckte
Fühler	Fehler	einstecken	aufwecken
~~füllen~~	verfehlen	Steg	geweckt

3 Setze den Wortstamm Stell/stell richtig ein.

die Stelle — bestellen

die Vor__________ung — ab__________en

auf__________en — die Be__________ung

an__________en — vor__________en

die Bau__________e — ab__________en

der Ab__________raum — der __________platz

die Bade__________e — Auf__________ung

› Rechtschreibstrategien verwenden: Wortstamm beachten
› morphematische Strategie anwenden
› Schreibweise des Wortstamms auf Wortfamilie übertragen

› Sprachbuch, Seite 106, 107

Den Wortstamm kennen und nutzen

1 Kreise den Wortstamm **Zahn/Zähn** grün ein.

Zahnspange Zahnbürste Zähne Zahnarzt Zahnfee

2 Lies die Rätselkarten. Ordne die Lösungswörter richtig zu und schreibe.

Sie befinden sich im Mund: ______

Eine Spange im Mund heißt: ______

Eine Bürste für den Mund heißt: ______

Ein Arzt, der sich um das Innere unseres Mundes kümmert, ist ein: ______

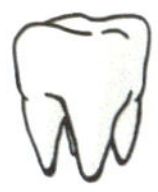

Eine besondere Fee, die etwas unter das Kopfkissen legt, nennt man: ______

3 Kreise die Wörter mit **Spring/spring** rot, die Wörter mit **Sprung/sprung** grün und die Wörter mit **Sprang/sprang** blau ein.
Ordne richtig zu und schreibe.

Sprungturm	sprunghaft
abspringen	Sprungbrett
Springbrunnen	Weitsprung
Sprunggrube	Springer
sprangen	aufspringen

In manchen **Wortstämmen** ändert sich der Vokal:
Aus springen kann auch Sprungturm oder sprangen werden.

Spring/spring Springbrunnen ______

______

Sprung/sprung ______

______

Sprang/sprang ______

Verwandte Wörter mit ä/a und äu/au schreiben

1 Verbinde die verwandten Wörter. Kreise **a/ä** und **au/äu** ein.

Abfälle   Träume   Blätter   Läufer   färben

Blatt   Abfall   Traum   Farbe   laufen

Wenn es ein verwandtes Wort mit a oder au gibt, schreibst du ä oder äu.

2 Ordne ein verwandtes Wort zu.
Kreise den richtigen Buchstaben ein und schreibe richtig.
Zu 4 Wörtern findest du kein verwandtes Wort.

Achtung, finde die Fehler!

warm   verkaufen   Zahl   bauen   rauben   Tag

?	verwandtes Wort mit a oder au	also
aufw e/ä rmen	warm	aufwärmen
E/Ä nte	–	Ente
z e/ä hlen		
F e/ä nster		
Verk eu/äu fer		
n eu/äu n		
R eu/äu ber		
t e/ä glich		
F e/ä ld		
Geb eu/äu de		

› Rechtschreibstrategien verwenden: Wortstamm beachten
› morphematische Strategie anwenden: Ableiten
› Schreibweise des Wortstamms auf Wortfamilie übertragen

› Sprachbuch, Seite 108

Worttrennung am Zeilenende anwenden

Wenn ein **zusammengesetztes Nomen** oder ein **Verb** mit vorangestellten **Wortbausteinen** nicht mehr in die Zeile passt, dann trennst du die Wortteile mit einem **Trennstrich**.

1 Lies die zusammengesetzten Wörter genau.
Schreibe sie mit den Trennstrichen ab.

Werkzeug-koffer Aus-weis Taschen-lampe Bank-tresor

auf-pumpen über-prüfen ab-stellen vor-fahren

Werkzeug-koffer

2 Lies Elsas Text. Elsa hat manche Wörter über den Rand geschrieben.
Schreibe sie mit einer sinnvollen Worttrennung auf.

Das neue Fahrrad

Endlich konnte ich das neue Rad ausprobieren.
Ich habe einen tollen neuen Fahrradhelm.
Nun radle ich stolz durch den Straßenverkehr.
Oft wollen mich schnelle Autos überholen.
Dabei ist wichtig: Ich muss immer aufpassen.
Die Verkehrszeichen muss ich stets beachten.

aus-probieren

Einen höflichen Brief überarbeiten

Achtung, finde die Fehler!

1 Lies Maries Brief an den Bürgermeister.
Die rot unterstrichenen Teile passen nicht in einen höflichen Brief.

Hallo Bürgermeister, Neustadt

ich wende mich heute mit einer wichtigen Bitte an dich.
Vor unserer Schule müssen viele Kinder eine stark befahrene Straße überqueren. Leider gibt es dort keinen Zebrastreifen und keine Fußgängerampel. Alle Autos fahren viel zu schnell.
Die Kinder rennen einfach so über die Straße.
Wir brauchen dringend einen Zebrastreifen oder eine Ampel.

Das war's.
Marie

2 Verbessere die rot unterstrichenen Teile in Maries Brief.
Schreibe ihn überarbeitet auf.

Ort und Datum

höfliche Anrede

Grußworte

Unterschrift

› Texte an der Schreibaufgabe überprüfen
› Text sprachlich optimieren

› Sprachbuch, Seite 111

UNTER DER LUPE

1 Die rot unterstrichenen Wörter sind falsch.
Kreise die Fehler ein und schreibe sie richtig auf.

Achtung, finde die Fehler!

Die Symbole helfen dir.

Schon seit Umut im Kindergarten ist, treumt er teglich vom Fliegen.

träumt

Er hat viele Bücher darübber gelesn.

Sein Lieplingsbuch handelt von der Erfindung des Flugzeuks.

Letztes Jahr besuchte Umut mit seiner Muter zum ersten Mal einen Flughaffen.

Er beobachtete die flugzeuge bei Start und landung.

Im Mei fliegt er zum ersten Mal mit seinem Teddi in den Urlaub.

UNTER DER LUPE

1 Ordne jeder Aussage den passenden Satz oder die passenden Wörter zu. Schreibe die Nummern in die Kästchen.

1 Mit Adjektiven kann man vergleichen.
2 Vorangestellte Wortbausteine verändern die Bedeutung des Verbs.
3 Ausrufesätze enden mit einem Ausrufezeichen.

☐ Das ist aber eine Überraschung!

☐ Murmel ist größer als Uno. Uno läuft genauso schnell wie Murmel.

☐ rufen – anrufen, suchen – versuchen, lösen – auflösen, stellen – abstellen

2 Schreibe zu jeder Aussage Beispiele auf.

Nachgestellte Wortbausteine verändern die Wortart.
-heit, -keit, -ung → Nomen **-ig, -lich** → Adjektive

wahr – die Wahrheit, __________

die Sonne – sonnig, __________

Nomen kann man zusammensetzen.

der Handschuh, __________

Verben können in unterschiedlichen Zeiten stehen.

ich gehe – ich ging, __________

3 Schreibe zu dieser Aussage 2 weitere Sätze auf.

In einem Aussagesatz steht das Verb an zweiter Stelle.

Die Detektive lösen viele Kriminalfälle.

____

____